Les légendes arlésiennes

Double page précédente
Vue générale de l'abbaye, photographie par Jean Feuillie, 1960.

Pour s'affirmer face à l'éclat du siège épiscopal arlésien, les moines de Montmajour se devaient d'exalter des patronages insignes aux origines de leur abbaye. Ainsi, une légende évoque saint Trophime, fondateur de l'Église d'Arles, envoyé en mission de Rome par saint Pierre pour évangéliser les Gaules. Arrivé à Arles en 46 après J.-C., il se réfugiait volontiers dans une grotte creusée au flanc du rocher de Montmajour où il aurait passé une partie de sa vie de prière et de pénitence, recevant et enseignant ses disciples dans une cellule rupestre, appelée encore aujourd'hui le « confessionnal de saint Trophime ».

D'autres préféraient rappeler une chasse du roi Childebert Ier (vers 495-558), fils de Clovis, qui, traversant les marais, aurait rencontré sur ce rocher désolé un petit groupe d'anachorètes♦ observant la règle de saint Césaire, évêque d'Arles (470-542). Touché par leur ferveur, celui-ci aurait ordonné la construction d'une première église.

*♦**Anachorète :** moine vivant dans la solitude d'un « désert ».*

Mais c'est l'intervention de Charlemagne (742-814) qui semblait la plus plausible. Comment expliquer la présence de ces innombrables tombes rupestres, si ce n'est en imaginant une grande bataille livrée à proximité ? Or, justement, les chansons de geste célébraient les exploits de Charlemagne exterminant les Sarrasins qui, chassés d'Arles, occupaient la campagne ! Cette nécropole de Montmajour aurait donc pieusement recueilli les corps des preux chrétiens et la fondation d'un monastère serait l'ex-voto de l'empereur pour sa victoire sur les ennemis de la Croix.

Sceau en plomb du chapitre de l'abbaye de Montmajour, saint Pierre et sa clef (avers) ; abbé mitré tenant sa crosse et clerc portant le faisceau de la discipline (revers), XIIIe siècle (Marseille, archives départementales des Bouches-du-Rhône).

L'abbaye de Montmajour

Jean-Maurice Rouquette,
conservateur en chef honoraire du patrimoine
Aldo Bastié, *conservateur du château royal de Provence à Tarascon*

Acropole sacrée de la chrétienté arlésienne, refuge et consolation au cœur d'une solitude, l'abbaye de Montmajour dresse avec orgueil son architecture grandiose sur la vaste plaine marécageuse de la vallée des Baux. À 5 kilomètres d'Arles, le glorieux *mons Major* des chartes médiévales n'est qu'une modeste butte calcaire de 43 mètres d'altitude, qui, jadis, formait une véritable île cernée par des eaux mortes, et dont l'accès ne se faisait qu'en barque. Malgré la médiocrité de son relief, c'est le rayonnement de son aventure de foi et de pierre qui a illustré à jamais ce rocher sauvage et inhospitalier.

Les origines

(Xe siècle)

Accueillir les morts semble, en effet, avoir été la vocation immémoriale de ces rochers du Castelet et de la montagne de Cordes (près de Fontvieille), célèbres pour leurs allées couvertes creusées au IIIe millénaire avant notre ère, qui, sous le nom d'hypogées d'Arles, comptent parmi les tombes mégalithiques les plus prestigieuses d'Europe. C'est à ces hauteurs épargnées par les eaux que les premiers habitants de la région avaient confié les corps de leurs défunts, c'est auprès d'elles qu'à chaque moment tragique de leur histoire les Arlésiens venaient chercher refuge. Il en fut ainsi aux IXe et Xe siècles, dans l'Empire carolingien finissant, alors que la Provence était dévastée par les pillages des Sarrasins et les incursions des Normands, débarqués en Camargue. Fuyant les villes assiégées, la population s'était retirée à la campagne pour échapper à la famine et aux combats. Quelques hommes pieux avaient choisi la solitude du rocher de Montmajour, alors occupé par un cimetière, pour se consacrer à la méditation en ensevelissant les morts et en priant pour les vivants. Ainsi l'origine de l'abbaye est-elle liée à la présence d'un petit groupe d'anachorètes retirés « au désert », dans cette île qui était la propriété du chapitre de Saint-Trophime d'Arles.

Pierre tombale de Teucinde, fondatrice de l'abbaye.

Le 7 octobre 949, une pieuse femme, Teucinde, appartenant à une famille de l'aristocratie franque, sœur du prévôt du chapitre, Gontard, en fit l'acquisition par un échange avec l'archevêque d'Arles, Manassès (mort en 962). Puis, par son testament de 977, elle en fit donation aux religieux qui s'étaient constitués en une communauté monastique régulière obéissant à la règle de saint Benoît. Le pape Léon VIII, en 963, avait placé le monastère, qui n'était soumis à aucun ordre, sous son autorité directe, comme le symbolise le patronage de saint Pierre.

L'apogée médiéval

(XIe-XIIIe siècle)

Vue d'ensemble, photographie par Médéric Mieusement, 1895 (Charenton-le-Pont, MAP, AP).

Illustration de la remise en ordre de l'Église provençale avant l'an mil, cette poignée d'hommes de foi, voués à la vie érémitique, devait en quelques décennies donner naissance à une puissante abbaye bénédictine. À l'humble chapelle Saint-Pierre, creusée dans le flanc de la colline, allait succéder sur le sommet du rocher une grandiose abbatiale romane consacrée à la Vierge. Autour du marais primitif qui fournissait poisson, gibier, pâturages et plantes d'œuvre, s'était constitué un riche domaine foncier de terres à blé, vignes, oliviers, bois, cours d'eau, moulins, salines, pêcheries avec leurs serfs, leurs tenanciers♦ et leurs dîmes. Le roi de Bourgogne-Provence Conrad le Pacifique (937-993), les comtes d'Arles – fondateurs de la lignée des comtes de Provence – puis les comtes de la maison de Barcelone, les grandes familles de l'aristocratie provençale, les évêques ou de simples fidèles rivalisèrent de générosité pour offrir au monastère des châteaux, qui deviendront souvent des logis abbatiaux comme Miramas, des seigneuries de villages (ou d'une ville entière comme Pertuis), des domaines complets avec leurs paysans, des églises restituées par des laïcs qui en avaient le patronage. Bien plus, Montmajour deviendra une sorte de sanctuaire dynastique lorsque y éliront sépulture, après l'avoir comblé de libéralités, Guillaume IV (mort vers 1018) et Geoffroy Ier (mort vers 1063), tous deux comtes de Provence ayant eu droit au titre de marquis après la victoire de Guillaume

Page de gauche
Vue générale du territoire au nord d'Arles : Montmajour, à droite, émerge des marécages ; en haut, Tarascon et Beaucaire. Dessin aquarellé, XVIIe siècle (Arles, médiathèque).

♦***Tenancier :*** *paysan exploitant une tenure, terre concédée par un seigneur en échange de redevances et de services.*

La vie des moines à Montmajour

Chapiteaux de la galerie sud du cloître, représentant, en bas, sur trois faces, la communauté monastique autour de saint Pierre ; ici, à gauche, les moines en prière à la Pentecôte et, à droite, l'enterrement d'un moine, aquarelles d'Henri Révoil, 1845 (Charenton-le-Pont, MAP).

La vie de la communauté des moines de Montmajour était fondée sur la règle de saint Benoît de Nursie (vers 480-vers 547) alternant les temps de prière, de travail manuel et de méditation. Ce code général était accompagné de coutumes particulières liées à l'histoire ou au site naturel sur lequel s'élevait une abbaye. On sait qu'à Montmajour la communauté humaine fut assez nombreuse au Moyen Âge puisqu'elle compta jusqu'à une soixantaine de religieux. Ce nombre, connu pour le XIIIe siècle, est encore mentionné en 1537. À l'époque moderne, et malgré le succès de la réforme mauriste, il n'y aura jamais plus de trente moines bénédictins.

La vie des moines était très hiérarchisée autour de la personne de l'abbé. Ayant prononcé des vœux perpétuels d'obéissance, pauvreté, chasteté et stabilité, les moines portaient le titre de moines-prêtres, ou officiers claustraux, et étaient chargés de tâches bien précises qui incluaient la collecte des revenus des prieurés, propriétés rurales ou urbaines appartenant au monastère. À Montmajour, on dénombrait au Moyen Âge dix offices claustraux : prieur, cellérier (économe), aumônier, chambrier, correzier (cuisinier), infirmier, ouvrier, préchantre et sacristain. Les conditions de vie sur l'île Saint-Pierre, appelée « mont Majour » (« la grande île »), n'étaient jamais faciles. Aussi les moines réclamèrent-ils la possibilité, à la fin du XIIIe siècle, de bénéficier d'une nourriture plus équilibrée afin de lutter contre les fièvres dues à la proximité de marais pestilentiels, aux épidémies et aux périodes de grand froid ou de chaleur excessive. On connaît ainsi quelques détails, notamment sur leur alimentation, variée, puisqu'elle comprenait aussi bien des œufs, diverses viandes, des poissons des marais ou de mer, de nombreux légumes (choux, épinards, pois), des céréales et des fruits. Pour le repas de Noël, les moines étaient même autorisés à manger des beignets.

le Libérateur, comte d'Arles, sur les Sarrasins en 974. Dense autour d'Arles et d'Avignon, ce réseau de possessions allait tisser sa toile sur toute la Provence, de Vienne à Fréjus et Vintimille, à travers les diocèses alpins (Grenoble, Gap, Digne, Riez, Sisteron). Certaines fondations seront à l'origine de prieurés importants comme Carluc, Correns, Venasque, plus tard Estoublon, ou La Motte-en-Viennois qui conservait les reliques de saint Antoine abbé rapportées de Constantinople au XIe siècle. Véritables succursales de l'abbaye mère, ces prieurés regroupaient autour d'un prieur quelques moines chargés du service paroissial pour les paysans du domaine. Très souvent, leur présence fut à l'origine de nouveaux villages et favorisa l'évangélisation des régions isolées. C'est ainsi qu'à la fin du XIIIe siècle, Montmajour étendait son autorité sur 56 prieurés.

Les droits seigneuriaux perçus par les prieurés constituaient d'importants rapports dont une grande partie était reversée à l'abbaye. Seigneur féodal dans sa baronnie du Castelet, l'abbé percevait les droits de justice, les redevances sur les fours et moulins ainsi que les divers impôts. Il jouissait des droits de chasse dans les marais et des péages, très lucratifs. En 1181, le comte Raymond Bérenger IV lui avait accordé le bénéfice du premier esturgeon ovat pêché dans le Rhône entre Fourques et la mer.

Crosse représentant l'Annonciation, trouvée dans la tombe de l'abbé de Maussang (Paris, musée du Louvre).

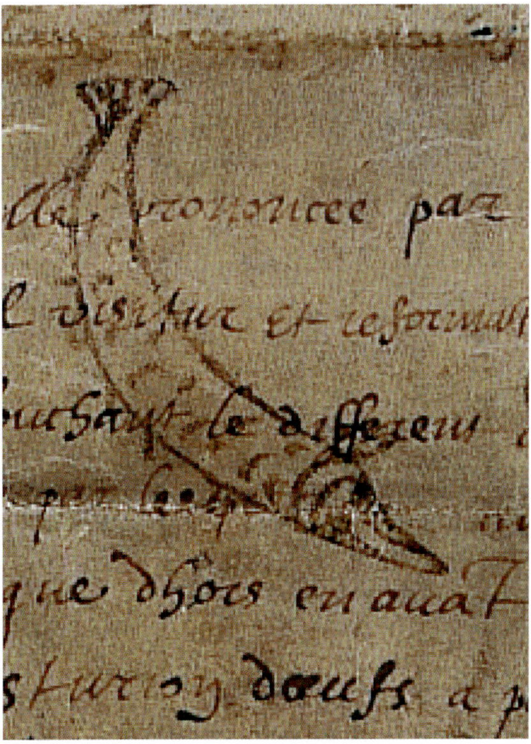

Charte du droit de l'esturgeon, avril 1405 (Arles, médiathèque).

Charte de consécration de la « crypte Sainte-Croix » (XIe siècle), copie enluminée du XVe siècle (Arles, médiathèque).

Cette éclatante prospérité matérielle ainsi que le rayonnement spirituel des moines auprès des fidèles ne doivent pas cacher les nombreux conflits qui jalonnent la vie de la communauté : les tentatives d'usurpation des grands féodaux comme le comte de Forcalquier sur Pertuis ou la famille des Baux sur Miramas, l'hostilité des évêques contre les privilèges et les revenus exorbitants des moines – alors que leurs églises ne payaient pas toutes les dîmes –, la prétention des archevêques d'Arles à régenter l'élection abbatiale, qui avaient favorisé en 996 l'usurpation d'un moine de Saint-Gilles, enfin, la rivalité permanente avec les Arlésiens pour l'usage des marais et des pâturages autour de « l'île ».

Montmajour avait toutefois l'immense privilège de posséder une relique insigne de la Vraie Croix, vénérée le 3 mai, lors d'un pèlerinage dit « pardon de Montmajour », institué vers 1030. C'est pour mieux accueillir les pèlerins que les moines firent construire au XIIe siècle la chapelle Sainte-Croix.

La dédicace sur le fronton de la chapelle Sainte-Croix, aquarelle d'Henri Révoil, 1845 (Charenton-le-Pont, MAP).

Le pardon de Montmajour

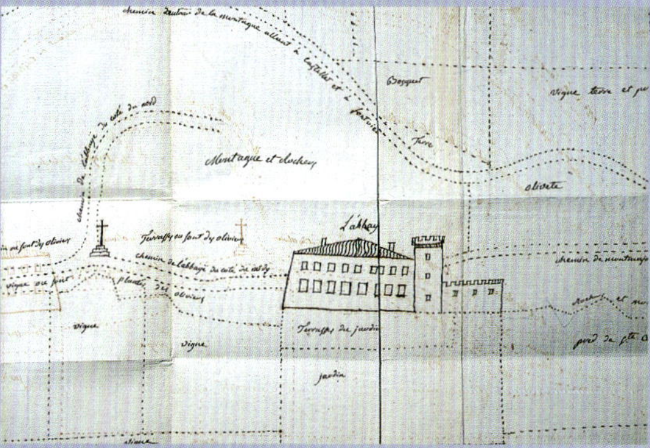

Chemins conduisant à l'abbaye de Montmajour, dessin à l'encre, vers 1660 (Arles, archives municipales).

Selon la tradition, un fragment du bois de la Vraie Croix serait parvenu à Arles dès le IVe siècle et serait à l'origine de la relique que possédait Montmajour. La vénération solennelle en aurait été établie en 1030, lorsque l'archevêque d'Arles consacra à la sainte Croix la crypte de l'église abbatiale, accordant l'absolution de leurs péchés aux fidèles qui viendraient en pèlerinage le 3 mai, fête de l'Invention de la sainte Croix, et qui laisseraient une offrande pour l'achèvement de la basilique. Malgré les difficultés d'accès en barque à travers les marais, le pardon de Montmajour prit une telle ampleur qu'au XIIe siècle les moines durent édifier à l'extérieur de la clôture♦ une chapelle reliquaire, la chapelle Sainte-Croix, afin de pouvoir accueillir la foule des pèlerins. Le chroniqueur arlésien Bertran Boysset (vers 1345-1415) nous a laissé le récit du pèlerinage de 1409 – qui aurait attiré 150 000 fidèles, chiffre sans doute très exagéré – et s'est fait l'écho des problèmes soulevés à Arles par cette affluence : la hausse du prix des vivres et du logement ainsi que des droits de passage réclamés par les bateliers, de même que l'insécurité en ville où les consuls exigèrent que chacun disposât une chandelle allumée devant sa maison. En revanche, le pardon était une source de revenus considérables, pour l'abbaye par les aumônes ou le produit de la vente aux pèlerins de statuettes de saint Pierre ou d'images en plomb ou en étain, et pour la ville d'Arles qui organisait, le 3 mai, une grande foire aux moutons à la Croisière. En 1065, une indulgence fut également accordée à l'église du prieuré de Correns, où le pardon de la Sainte-Croix se célèbre encore de nos jours, tous les sept ans, le 3 mai.

La chapelle Sainte-Croix et, au fond, le monastère médiéval. Photographie par Dominique Roman, vers 1860 (Arles, médiathèque).

La croix sur le chemin sud, aquarelle de Joseph Augustin Laurens, seconde moitié du XIXe siècle (Carpentras, bibliothèque Inguimbertine).

♦Clôture : *enceinte d'un monastère, interdite aux laïcs, où les religieux vivent cloîtrés conformément à la règle.*

La décadence

(XIVe-XVIe siècle)

Cet essor spectaculaire s'est poursuivi jusqu'au début du XIVe siècle, où la vie monastique a connu de profondes turbulences. Le pays d'Arles, jusqu'alors épargné par la guerre de Cent Ans, fut frappé de plein fouet par le passage des Grandes Compagnies♦. Le 13 juillet 1357, les bandes de routiers d'Arnaud de Cervole, dit « l'Archiprêtre », franchirent le Rhône, semant la terreur et la dévastation jusqu'aux portes d'Arles. En 1368, une troupe nombreuse commandée par Du Guesclin (vers 1320-1380) mit le siège devant la ville, qui résista victorieusement ; mais la campagne fut ravagée.

Blason de l'abbé Pons de l'Orme, au-dessus de la porte de la tour.

C'est alors que l'abbé de Montmajour, Pons de l'Orme (1368-1382), décida de fortifier le monastère par la construction d'une tour, semblable à celle que son prédécesseur, Jaubert de Livron, avait érigée à Fontvieille. À partir de 1386, Raymond de Turenne, retranché dans son château des Baux, mènera douze ans de pillages intensifs contre Arles et sa campagne. D'innombrables terres laissées en friche, une population réduite de moitié par les épidémies de peste noire à la fin du siècle, de dramatiques famines illustrent la gravité de la crise économique qui frappait alors le monde rural.

La situation religieuse de la communauté n'était guère plus brillante. Depuis le XIIIe siècle, un violent conflit opposait Montmajour aux Antonites à propos des reliques de saint Antoine abbé que le prieuré de La Motte-en-Viennois se glorifiait de conserver depuis le XIe siècle ; le pouvoir que ces reliques avaient de guérir le feu de Saint-Antoine♦ avait suscité très tôt la création d'un hôpital d'Antonites édifié à côté du prieuré, qu'il réussit même à annexer en 1297 malgré les vives protestations de Montmajour. Or, le pape Innocent VIII (1484-1492), loin de rendre justice aux Provençaux, décréta en 1490 la fusion de l'hôpital et de la maison mère de Montmajour, ainsi réduite à une simple commanderie de Saint-Antoine. Les moines de Montmajour prétendirent alors avoir rapatrié clandestinement les reliques et les exposèrent solennellement dans l'église Saint-Julien d'Arles qui leur appartenait et qui prit désormais le nom de saint Antoine. Rome condamna ce « culte des fausses reliques », mais l'abbaye obtint le soutien de toute l'Église provençale. Finalement, en 1495, le pape Alexandre VI (1492-1503) supprima la bulle d'union.

♦Grandes Compagnies : *soldats mercenaires recrutés pendant la guerre de Cent Ans qui, n'étant plus « soldés » après la défaite de Poitiers en 1356, s'organisèrent en bandes pour piller le royaume de France, et particulièrement la riche Provence.*

♦Feu de Saint-Antoine *(ou mal des ardents) : sorte d'empoisonnement du sang dû à l'absorption d'un champignon parasite du seigle.*

Portrait de l'abbé Pierre de Foix, dessin aquarellé (Arles, médiathèque).

Cette querelle des reliques avait mobilisé toutes les énergies pendant deux siècles alors que le pouvoir royal cherchait à restreindre les privilèges seigneuriaux de l'abbaye – en particulier ses droits de justice –, que les revenus des prieurés étaient en forte régression et que certains, notamment dans le Gapençais, avaient été ruinés par les protestants. En 1593, les moines, chassés de Montmajour par les soldats, durent se réfugier à Arles pendant près de deux ans et trouvèrent à leur retour le monastère dévasté.

Blason de l'abbé-cardinal Louis Aleman, aquarelle, armorial de Montmajour, XVIIe siècle (Arles, médiathèque).

L'une des causes majeures du déclin fut la mise en commende♦ de l'abbaye. Quoique, selon la règle, l'abbé doive être élu par les moines, ce sont, dès la fin du XIIIe siècle, les papes puis le roi de France qui vont désigner l'abbé hors de la communauté, voire hors de l'ordre bénédictin. Bien entendu, les abbés commendataires ne résidaient pas à l'abbaye, se contentant de percevoir leurs bénéfices et abandonnant la vie monastique. L'abbaye connut cependant au XVe siècle un moment de prospérité matérielle et spirituelle consécutif à la fin du grand schisme d'Occident et à la nomination des archevêques d'Arles comme abbés de 1431 à 1489. Les abbatiats des deux cardinaux Louis Aleman (1431-1450) et Pierre de Foix (1450-1462) sont marqués par le réaménagement des bâtiments communautaires et le renouvellement des objets mobiliers (stalles des moines, vitraux, cloches, autels). Malgré un nombre encore important de moines au milieu du XVIe siècle (50 personnes), l'abbaye connaît de 1591 à 1593 une période de grandes difficultés dues à l'occupation militaire du monastère par les troupes de la Ligue du lieutenant Biord. Les moines quittent leur abbaye par obligation mais y reviendront dès le siège terminé. C'était le prélude à la nouvelle réforme spirituelle et humaine du XVIIe siècle.

♦***Commende :*** *attribution de revenus ecclésiastiques à un clerc ou à un laïc, qui n'est pas tenu d'observer les obligations de la charge ni même la résidence.*

La renaissance mauriste (1639-1786)

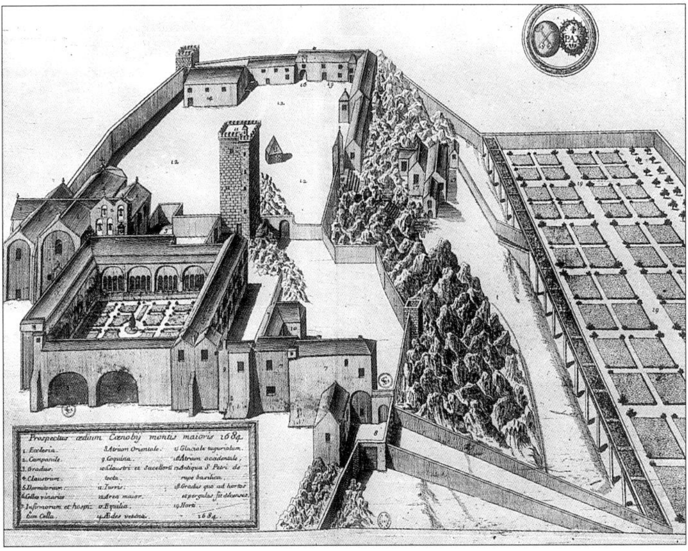

Vue cavalière de l'abbaye au XVIIe siècle, planche gravée in *Monasticum gallicanum*, 1684 (Paris, BnF).

Ému par la gravité des désordres et conscient de l'urgence d'une réforme, l'archevêque d'Arles, Mgr Jean-Jaubert de Barrault (1631-1643), fit appel à la congrégation de Saint-Maur, qui avait déjà réussi des rénovations spectaculaires. Fondée en 1618 à Paris par le père dom Grégoire Tarisse, cette congrégation bénédictine réformée, située au monastère de Saint-Germain-des-Prés, avait pour objectif le retour au respect de la règle de saint Benoît dans toute sa rigueur. C'est ainsi que les mauristes vinrent prendre possession de l'abbaye à l'automne 1639, malgré l'opposition de la majorité des moines. Pour les mauristes, le renouveau spirituel et l'activité intellectuelle devaient s'accompagner d'une rénovation architecturale qui en était le symbole, ce qui supposait non seulement une reconstitution des ressources de la communauté mais aussi le départ des anciens moines, farouchement opposés à la réforme.

En 1639, un concordat fixa le montant des généreuses pensions exigées par les « anciens », qui vidèrent les lieux en les saccageant. Le 29 septembre, les mauristes s'installèrent dans l'abbaye en constatant qu'il ne leur restait pas de quoi vivre un seul jour. En dépit de l'hostilité des abbés Alexandre et Charles Bichi, et de celle des Arlésiens, en dépit également des terribles fièvres, de la dégradation des bâtiments et d'une grande détresse financière, les mauristes réussiront ici, comme

Page de gauche **Vue du monastère mauriste** à l'arrière du cloître.

dans près de deux cents maisons réformées, le double miracle de la restauration spirituelle et matérielle de l'abbaye de Montmajour.

L'accord de 1639 prévoyait la participation de l'abbé à la « pension pour le pain et le vin » des moines pour 3 700 livres par an et pour la moitié aux frais d'entretien. Devenu abbé commendataire en 1643, Alexandre Bichi, évêque de Carpentras, suspendit le versement de la pension qu'il devait aux réformés afin de les obliger à partir.

En 1646, un nouvel accord plus favorable encore à Bichi et aux « anciens » imposa aux mauristes l'intégralité de l'entretien des bâtiments, la création d'un collège de quinze écoliers ainsi que l'augmentation du montant de la pension qu'ils devaient aux anciens occupants. Malgré un recours en justice des mauristes, l'abbé Charles Bichi, neveu du précédent, conserva le bénéfice pendant soixante et un ans et refusa toujours sa participation. Les mauristes poursuivirent néanmoins avec persévérance leur entreprise de rénovation. Un accord passé avec l'ingénieur hollandais Van Ens, qui réalisait l'assèchement des marais d'Arles, permit à l'abbaye de récupérer un tiers des nouvelles terres et d'accroître ses revenus. À Arles, les moines commencèrent dès 1647 la reconstruction de leur église Saint-Julien-l'Hospitalier, consacrée en 1662, et bientôt suivie par celle de leur prieuré urbain.

Religieux d'un siècle prospère et philosophe, ces esprits cartésiens épris de régularité classique souhaitaient reconstruire totalement ce couvent à l'architecture disparate, qui menaçait ruine sur tout son côté occidental (cellier, cuisine, hôtelleries, bibliothèque). C'est à lafin du XVIIe siècle que les moines multiplièrent les projets de reconstruction des bâtiments conventuels. Finalement, la première pierre fut posée le 10 avril 1703. Il était temps ! Le 22 février 1704, le corps de logis occidental s'effondrait, ensevelissant trois religieux. Le chantier confié à Pierre Mignard (1640-1725) sera l'un des derniers chefs-d'œuvre de l'architecte avignonnais, achevé en partie en 1717. Parfaitement adapté à la configuration de la colline, le nouveau monastère formait un immense corps de logis. Le bâtiment séparé de l'ancien monastère médiéval aurait dû

Costume de bénédictin, réformé mauriste, publié par Pierre Hyelot, in *Histoire des ordres monastiques religieux et militaires*, Paris, 1714-1719 (Arles, médiathèque).

compter vingt-cinq travées en façade côtés sud et nord ; seules quatorze d'entre elles furent élevées à cette date. Comme souvent chez les mauristes, ce projet grandiose était sans commune mesure avec l'importance numérique de la communauté qui, à Montmajour, ne dépassa jamais trente membres. Mais l'ampleur des bâtiments avait une valeur hautement symbolique et marquait la dignité du monastère destiné à être la tête de pont de la congrégation dans le sud-est du royaume.

Hélas ! le 18 août 1726 un gigantesque incendie prit naissance dans les combles du monastère traversés par le canon de la cheminée du four à pain. Le feu embrasa toute la charpente, dont la chute entraîna en partie celle des deux étages de dortoirs. C'est un autre grand architecte avignonnais, Jean-Baptiste Franque (1683-1758), qui assura en deux années la réédification des parties détruites.

Les deux dernières campagnes de construction réalisées en 1747 et 1776 donnèrent au monastère mauriste de Montmajour sa physionomie monumentale définitive, avec seize travées en façade sur les vingt-cinq prévues initialement. L'église abbatiale projetée en 1755 ne fut en revanche jamais élevée. À la veille de la Révolution française, l'abbaye mauriste, inachevée, offrait tous les caractères d'un édifice classique et grandiose.

Vue de l'abbaye depuis le côté sud : les champs de blé sur les terres asséchées par Van Ens.

Le temps des épreuves (1786-1822)

Relevé de la façade de Saint-Maur, dessin de Pierre Véran, fin du XVIIIe siècle (Arles, médiathèque).

Depuis leur arrivée à Montmajour, les mauristes étaient en conflit avec leurs abbés commendataires, aussi attachés aux revenus de l'abbaye qu'hostiles à partager les frais des bâtiments. Ponctués de multiples actions en justice, ces rapports s'étaient dégradés au point que, le 15 février 1780, le dernier abbé, le cardinal Louis de Rohan (1734-1803), préféra remettre sa démission à Louis XVI plutôt que de payer les frais et arriérés des travaux d'entretien des bâtiments modernes et anciens. Constatant alors le faible nombre de moines qui vivaient à résidence sur l'île de Montmajour, la commission des Réguliers prononça en septembre 1786 la sécularisation de l'abbaye.

Quatre ans plus tard, la Révolution allait disperser définitivement les neuf derniers moines. La vente des biens nationaux fut un autre drame. Mis aux enchères publiques, l'ensemble du monastère et de la montagne fut adjugé le 22 avril 1791 pour la somme dérisoire de 62 000 livres à une dame Élizabeth Roux-Chatelard qui, insolvable, s'empressa de dépouiller le bâtiment mauriste de ses charpentes, toitures, boiseries, rampes, cheminées et pierres. En deux années, elle réduisit le monastère mauriste à l'état de ruine. Tout le côté occidental avait été amputé de ses belles pierres de taille. Mais, le 26 mars 1793, les restes de l'abbaye furent mis en vente et acquis par le sieur Étienne Roche, qui les revendit en 1795 à plus d'une vingtaine de propriétaires. La destruction des bâtiments s'arrêta là. Quant au monastère médiéval, il fut heureusement épargné, ses divers locaux ayant été reconvertis en bergeries ou fenils.

Page de droite
Façade sud du monastère mauriste, état actuel.

La rédemption

(de 1822 à nos jours)

Page de gauche
La galerie du cloître au milieu du XIXe siècle, aquarelle d'Henri Révoil, 1845 (Charenton-le-Pont, MAP).

Cependant, quelques Arlésiens veillaient, dont le peintre Jacques Réattu (1760-1833), qui se rendit acquéreur de la tour Pons de l'Orme en 1797, la sauvant ainsi d'une démolition certaine. En 1822, le département des Bouches-du-Rhône racheta la chapelle Sainte-Croix à un pêcheur et la remit à la municipalité d'Arles qui, dès lors, continua avec persévérance le long remembrement de cette mosaïque de parcelles, terminé en 1859 pour les parties romanes et gothiques, que Prosper Mérimée (1803-1870), inspecteur des monuments historiques, fit classer dès 1840. L'abbaye était sauvée, mais dans quel état !
Plusieurs campagnes de restauration furent conduites par l'architecte Henri Révoil (1822-1900) à partir de 1862 et poursuivies par Jules Formigé (1879-1960), Paul Colas, Jean Sonnier, Jean-Pierre Dufoix, Alain-Charles Perrot et François Botton. Malgré les nombreuses interventions de Formigé, rien ne put empêcher l'effondrement du réfectoire en janvier 1941, ni le dramatique incendie au mois d'août 1944 de l'église abbatiale transformée en dépôt d'armes par l'armée allemande. Quant au monastère mauriste, il n'a été classé et consolidé qu'à partir de 1921 ; il se trouvait alors dans un état désespéré.
Depuis 1993, plusieurs étapes de restauration se sont succédé pour sauver l'abbaye mauriste. Une première phase, réalisée sous la direction de l'architecte en chef Jean-Pierre Dufoix, a permis la mise hors d'eau du pavillon nord et du réfectoire (1994-1995). L'installation d'une salle audiovisuelle et d'exposition dans l'ancien cellier des moines a été confiée à l'architecte Rudy Ricciotti (1998-2000). Enfin, François Botton, architecte en chef des monuments historiques, s'est chargé de la restitution de la voûte et de l'escalier menant aux parties supérieures de l'abbaye (2008-2009) dont l'aménagement des salles reste encore à concevoir.

Kirili à Montmajour

En 2002, à la demande de la Délégation aux arts plastiques (ministère de la Culture) et du Centre des monuments nationaux, l'*Ascension* d'Alain Kirili investissait la nef de l'abbaye de Montmajour, dialoguant avec l'élévation de ce magnifique monument, acropole sacrée de la chrétienté qui domine de toute la splendeur de son architecture la plaine arlésienne. Ce fut l'acte I d'une belle aventure. En 2011, avec l'enthousiasme et la créativité qui le caractérisent, Alain Kirili a bien voulu écrire un acte II : dorénavant, c'est au sommet de l'escalier de pierre qui mène à l'abbatiale médiévale que l'*Ascension* attend le visiteur. Cette *translatio* donne à l'œuvre une place nouvelle sur le chemin des reliques sacrées qui accompagnaient autrefois les pèlerins lors du « pardon de Montmajour », dont le succès, au XIIe siècle, conduisit à l'édification de la chapelle reliquaire de Sainte-Croix.

Ascension fait partie d'une série également composée de *Geste de Résistance*, installé dans les jardins du musée des Beaux-Arts de Caen, et d'*Ascension II*, que l'on peut voir dans le jardin de la New York University à Paris. Chacun de ces groupes évoque la spiritualité trinitaire à travers des dimensions et des proportions différentes. Ces œuvres, qui constituent une célébration de la verticalité, sont aujourd'hui exposées en extérieur, en dialogue avec la nature et un site historique ou urbain. Elles viennent compléter les séries monumentales en pierres de Bourgogne installées à Dijon, à Paris et à Grenoble.

À propos de l'artiste

Né à Paris, Alain Kirili vit aujourd'hui entre cette ville et New York. Il travaille depuis de nombreuses années sur la dimension monumentale de son œuvre sculpté. Pour lui, « la monumentalité est un défi dans l'espace qui recherche un rapport d'empathie avec le public ».

Ascension
Alain Kirili, 2002
environ 4 m x 4,40 m x 1,70 m
Moulage en résine peinte, taille directe.

Visite

L'abbatiale Notre-Dame

(XIIe-XIIIe siècle)

Le chevet

A

Vue d'ensemble, façades orientales : la tour, l'église et la crypte.

C'est depuis la terrasse orientale située devant la nécropole rupestre que l'on peut se laisser saisir par le contraste entre l'humble paix de la crypte, où le visiteur est accueilli, enfouie dans la profondeur du rocher, et la puissante silhouette de l'église abbatiale dressée comme un accent triomphal sur la colline. Même si l'on peut imaginer que des constructions du XIe siècle l'ont précédée sur cet emplacement, il est évident que sa reconstruction puissante au milieu du XIIe siècle témoigne du rayonnement du monastère, alors à son apogée. Une maîtrise absolue des volumes structurés en plans géométriques largement offerts à l'animation de la lumière, une perfection d'appareillage des parements portée au sublime, dont le précieux décor entourant les fenêtres ne trouble qu'à peine la sérénité, font de ce grandiose vertige de pierre une éblouissante démonstration de l'art de bâtir.

Il s'agit en fait d'une réalisation des plus élaborées, car elle superpose une vaste église haute à nef unique sur une crypte à déambulatoire et chapelles rayonnantes en totale discordance de plan avec l'abbatiale.
Alors que l'habitude romane était de rendre lisibles les dispositions internes d'un édifice à travers son ordonnance extérieure, l'abside de Montmajour, profondément influencée par les modèles antiques, dissimule sa division verticale sous une haute chemise polygonale lisse.
Seule une couronne de chapelles rayonnantes à chevet plat, réunies sous un même niveau de toitures continues, forme comme une souche à cette tour éclatante dans le soleil levant.
Là encore, la source d'inspiration apparaît : le parti architectural est la transposition de l'une des tours de l'enceinte romaine de Nîmes, la tour Magne, bien connue au Moyen Âge.

La crypte Saint-Benoît (XIIe siècle)

Édifiée à flanc de coteau sur la face nord du rocher, dont la pente est très sensible, l'église abbatiale repose sur une crypte qui a pour fonction première de rattraper la déclivité naturelle du sol. Adaptée à la configuration du terrain, elle est presque entièrement troglodyte sur sa face sud, tandis qu'elle s'appuie sur de fortes substructions du côté opposé.
Unique en Provence, elle offre un plan concentrique constitué d'un transept avec absidioles ouvrant sur une rotonde centrale entourée d'un déambulatoire et de chapelles rayonnantes.
En venant de l'extérieur à travers le cimetière rupestre, l'accès se fait par une petite porte donnant sur le déambulatoire, l'un des chefs-d'œuvre de l'architecture de Montmajour. C'est un couloir haut et étroit dont la voûte en berceau appareillé est d'une telle perfection de taille que le regard se trouve comme aspiré par la concavité du volume courbe qu'aucun décor ne vient limiter. Seuls les corbeaux qui ont servi à porter les cintres d'échafaudage rythment son élévation.
Au centre de la composition, une travée rectangulaire conduit à une rotonde coiffée d'une coupole, dont les murs imposants sont percés de cinq baies en plein cintre ouvertes chacune dans l'axe des cinq chapelles rayonnantes, conférant à l'ensemble du dispositif une transparence symbolique baignée de mystère.
Chaque absidiole est elle-même un petit sanctuaire en réduction, comprenant une brève travée de chœur en berceau, ouvrant sur l'abside voûtée en cul-de-four, dont le plan outrepassé forme en avant une légère saillie soulignée par une ligne d'ombre qui détache visuellement la structure architecturale. Ces absidioles sont logées chacune dans un saillant rectangulaire de la couronne polygonale extérieure et reçoivent par une étroite fenêtre axiale le premier rayon du soleil levant qui éclaire directement l'autel. Dans l'organisation de la vie monastique, le rôle de ces autels secondaires est fondamental pour la célébration rapide des messes matinales dites par les moines d'une abbaye nombreuse.
Dans toute cette église inférieure, la plénitude des volumes est exaltée par l'extrême qualité de l'appareil, avec la finesse des layages♦, ses tailles pointillées ou en feuilles de fougère qui jouent dans la lumière, ou ses nombreuses marques de tâcheron incisées avec précision et élégance, si proches de celles des grandes églises d'Arles contemporaines (abbaye Saint-Honorat des Alyscamps, cathédrale Saint-Trophime).
Nulle part peut-être cet art de bâtir hérité du mode de construction des amphithéâtres romains ne s'est manifesté avec autant d'éclat que dans le transept : du côté sud, celui-ci est creusé dans le rocher dont le front de taille est resté brut sur les parois;

Chapelles rayonnantes du déambulatoire circulaire, photographie par René-Jacques, 1951.

Page de gauche **La rotonde centrale** et le maître-autel de la crypte.

♦***Layage :*** *aspect strié d'un parement laissé après dressage à l'aide d'une laie (marteau de tailleur de pierres à un ou deux tranchants).*

Coupe longitudinale et plan (Henri Révoil, *L'Architecture romane du midi de la France*, t. 2, Paris, A. Morel, 1 873).

en revanche, son autre extrémité repose sur de massives fondations accrochées au flanc de la colline.
Ces impératifs de stabilité du sol sont à l'origine de la spectaculaire inégalité de largeur des quatre doubleaux♦ qui supportent les voûtes. Leur épaisseur croît en effet dans des proportions importantes depuis le sud, où le premier, ancré directement dans le roc, n'a qu'un mètre de large, jusqu'à celui du nord, qui atteint 3,80 mètres.
Lieu de prière imprégné d'une forte spiritualité grâce à la perfection de ses volumes et au mystère de sa pénombre, la crypte a aussi pour fonction architecturale de constituer l'assise de l'église abbatiale. À ce titre, elle aurait dû recevoir vers l'ouest un développement équivalent à celui de l'église haute.
Ce qui devait être la nef centrale de la crypte se présente comme une sorte de couloir en pente raide dont la qualité de la voûte en berceau appareillé avec soin laisse supposer qu'il était destiné à être progressivement déblayé au fur et à mesure de l'avancement des travaux. Aujourd'hui, c'est par cette montée rapide et rugueuse que l'on accède à l'église supérieure.

♦Doubleau (arc-) : *arc lancé en renfort sous une voûte.*

La nef et le chœur

Clef de voûte de la croisée du transept : Christ bénissant.

L'ampleur des proportions, la beauté de la taille des parements, le ruissellement de la lumière traduisent dans la majesté de ce haut vaisseau de pierre la ferveur religieuse d'une communauté monastique en plein essor. Conçue sur un plan grandiose pour la célébration solennelle de la messe conventuelle, cette vaste église à nef unique de près de 14 mètres de large était prévue pour comporter cinq travées, mais la crise de la fin du XIIe siècle limita son développement à deux travées de nef seulement.
En dépit de cet inachèvement, l'abbatiale Notre-Dame illustre avec éclat les caractères originaux de l'architecture romane provençale à son apogée : la simplicité du plan, la plénitude des volumes, la nudité des parements, la puissance des murs gouttereaux♦ doublés par de profondes arcatures, l'élégance des voûtes en berceau légèrement brisé, renforcé de doubleaux à ressauts retombant sur des piles cruciformes à arêtes vives.
L'abside de plan semi-circulaire, d'un diamètre égal à la largeur de la nef, partage avec elle un même désir de monumentalité et une égale austérité formelle. Son accent majeur est constitué par sa couverture en cul-de-four magnifiquement appareillée et sous-tendue par cinq nervures très plates, issues du cordon de la naissance de la voûte, qui s'amortissent en demi-cercle contre le bandeau de la travée de chœur.

La volonté de se protéger du vent dominant, le redoutable mistral et les problèmes architecturaux liés à la déclivité du rocher expliquent l'absence d'ouverture au nord et les murs pleins tant dans la nef que dans le sanctuaire, remarquable par l'asymétrie de ses trois larges baies en plein cintre ébrasées♦ vers l'intérieur du chœur.
Comme il est fréquent en Provence, la travée de chœur, logée entre l'abside et l'arc triomphal♦, est singulièrement étroite. Cette particularité, qui distingue également les salles chaudes voûtées des thermes romains d'Arles, souligne une fois de plus le rôle des modèles antiques dans l'architecture romane.
Le transept, relativement court et étroit, comporte sur chacun de ses croisillons une absidiole semi-circulaire voûtée en cul-de-four. Au sud, trois portes donnaient accès au « logis abbatial », aujourd'hui ruiné, et au cimetière rupestre, à l'escalier en vis conduisant au clocher et enfin à la salle capitulaire. Le croisillon nord s'ouvre sur une chapelle gothique, édifiée au début du XIVe siècle, sous le vocable

♦Mur gouttereau : *mur recevant les pentes du toit qui porte les gouttières, par opposition au mur pignon.*

♦Ébraser : *disposer les parois latérales d'une baie obliquement à l'axe de l'ouverture pour une meilleure diffusion de la lumière.*

♦Arc triomphal : *arcade d'entrée de chœur.*

Le chœur : le désaxement des fenêtres, photographie par René-Jacques, 1951.

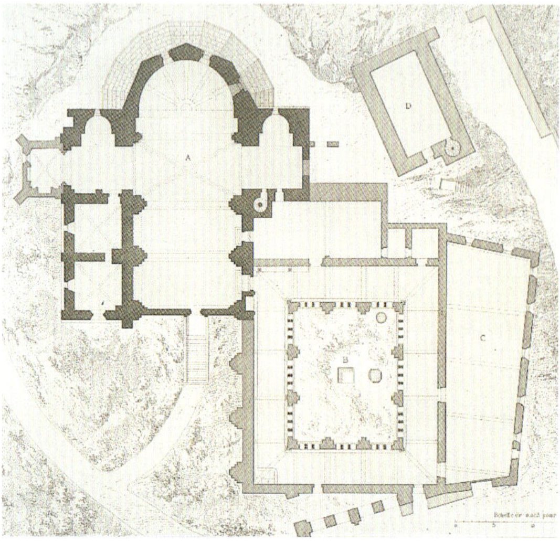

Plan de l'abbatiale et du cloître (Henri Révoil, *L'Architecture romane du midi de la France*, t. 2, Paris, A. Morel, 1873).

Page de droite **La croisée du transept,** au fond, la chapelle funéraire de l'abbé de Maussang, XIVe siècle.

Ci-contre **Détail de l'enfeu** de la chapelle de l'abbé de Maussang.

de « Notre-Dame la Blanche », pour abriter la sépulture de l'abbé Bertrand de Maussang (1298-1316), dont les armes sont sculptées sur l'enfeu♦ et à la clef de la voûte. C'est dans cette chapelle funéraire que furent découverts en 1799 une crosse dont la volute contient une Annonciation (XIIIe siècle, voir p. 9) et un ciboire signé « maître Alpais » (fin du XIIe siècle), deux remarquables objets exposés dans le département des Objets d'art du Louvre à Paris.

La croisée du transept, de plan barlong♦ en raison de la grande largeur de la nef, a été remontée plus tard, au XIIIe siècle. Sa voûte d'ogives, dont la clef s'orne d'un quatre-feuilles avec figuration du Christ bénissant, retombe sur deux colonnettes surmontées de chapiteaux gothiques à crochets♦ qui, outre les deux colonnes d'entrée de l'abside, constituent l'unique décoration, tardive, de l'église. La partie haute, percée de deux larges baies, forme une sorte de tour-lanterne qui laisse pénétrer la lumière à flot sur l'emplacement jadis occupé par l'autel majeur. Ce dispositif visant à mettre en valeur le centre liturgique de l'édifice doit correspondre à la construction vers 1180 de la salle capitulaire et de la galerie nord du cloître, qui a entraîné la suppression des ouvertures primitives du flanc sud de la nef, aujourd'hui aveugle. Une ligne de reprise du chantier, visible sur le premier pilier nord de la nef, indique que deux campagnes successives ont été conduites pour l'érection de l'abbatiale : d'abord la crypte, l'abside et le croisillon nord vers 1150, puis le croisillon sud et la nef avant 1180, avec la mise en place du mur provisoire la fermant à l'ouest.

Enfin, au XVe siècle, deux nouvelles chapelles bâties par la famille arlésienne de Loys sont venues s'ajouter sur le flanc nord de la nef : la première, qui a servi de sacristie, conserve un beau lavabo du XVIIIe siècle; la suivante abritait le trésor des chartes de l'abbaye, rongées par l'humidité dès le XVIIe siècle.

♦***Enfeu :*** *caveau funéraire en forme de grande niche ménagée dans un mur.*

♦***Barlong :*** *qui a la forme d'un carré allongé, d'un rectangle.*

♦***Crochet :*** *ornement saillant recourbé à son extrémité qui s'enroule comme un bourgeon de feuillage.*

Le cloître

(XIIe, XIVe et XVIIIe siècles)

B

Le cloître vu du côté occidental.

♦Contrebuter : *soutenir (une poussée) par un contrefort, un pilier.*

♦Console : *bloc en forte saillie à l'aplomb d'un mur servant d'appui à une arcature ou à une corniche.*

On accède au cloître par l'extrémité sud-ouest de la nef de l'église Notre-Dame. Centre spirituel et humain du monastère, le cloître est implanté sur le flanc sud de l'église, dont il devait contrebuter♦ les quatre premières travées. Son mur nord montre à l'extérieur les piles d'attente des trois travées de nef projetées, mais non exécutées, et, sur sa face interne, les consoles♦ qui reçoivent les retombées des doubleaux de la galerie nord. L'absence de trace de reprise dans la maçonnerie indique la simultanéité de conception des deux édifices, même si le chantier de construction de l'église avait précédé celui des bâtiments conventuels.
Le cloître forme un rectangle de 27 mètres de long sur 24 de large. Ses quatre galeries fort spacieuses (4,30 mètres de large) s'ordonnent autour d'une cour centrale qui abrite une citerne recueillant les eaux de pluie collectées pour l'alimentation de la communauté grâce à l'*impluvium*♦ que forment les dalles des toitures disposées en imbrication.

La galerie nord, détail.

Selon une ordonnance fréquente en Provence, visible aux cloîtres de Saint-Michel-de-Frigolet (Tarascon), de Saint-Paul-de-Mausole (Saint-Rémy-de-Provence), de la cathédrale de Vaison-la-Romaine ou de Ganagobie (prieuré bénédictin), les murs des galeries en façade sur la cour sont doublés par de grands arcs bandés entre des piliers massifs. Ici, ce sont des arcs segmentaires♦, inspirés des cryptoportiques (portiques souterrains) du forum romain d'Arles, qui confortent la structure de l'édifice, tout en dégageant au maximum les arcatures afin d'améliorer l'éclairage du promenoir. Ces piliers sont renforcés par des contreforts extérieurs dont la partie supérieure est ornée de cannelures (côté nord). Cette recherche antiquisante, caractéristique du XIIe siècle arlésien, qui se remarque également dans le décor de la galerie, exprime en même temps un souci très subtil de marquer visuellement l'étagement vertical. Chacune des galeries voûtées en berceau est divisée en trois travées par des doubleaux qui s'amortissent sur des consoles sculptées, registre

Consoles de la galerie nord : ci-contre, deux chiens affrontés ; ci-dessous, une tarasque.

♦***Impluvium :*** *surface recevant l'eau de pluie des toitures pour la recueillir dans une citerne.*

♦***Arc segmentaire :*** *arc qui décrit une portion de cercle plus petite que le plein cintre.*

Pilier d'angle des galeries nord et est : un abbé et saint Pierre. Aquarelles d'Henri Révoil, 1845 (Charenton-le-Pont, MAP).

♦***Archivolte :*** *moulure en saillie qui souligne une arcade.*

♦***Bahut (mur) :*** *mur bas; désigne dans les cloîtres le mur portant l'arcature séparant les galeries de la cour.*

♦***Tailloir :*** *tablette carrée ou polygonale qui couronne un chapiteau.*

♦***Androphage (monstre) :*** *qui dévore hommes et âmes.*

le plus original et le plus savoureux de l'iconographie du monument. Afin de s'inscrire harmonieusement dans la forme générale du cloître, chaque travée s'ouvre vers la cour par quatre arcatures sur les longs côtés et par trois seulement sur les autres faces. Les travées sont rythmées, sauf au sud, par de fortes piles de section rectangulaire décorées de panneaux aux longues cannelures. Les arcatures en plein cintre, doublées d'une archivolte♦, retombent sur des colonnettes jumelles reposant sur un haut mur bahut♦. Elles supportent des chapiteaux indépendants réunis par un tailloir♦ commun dont le profil est mouluré ou chargé de rinceaux végétaux.

La **galerie nord** est la plus ancienne, comme le montre son étroite liaison avec l'église, mais aussi sa grande parenté avec le cloître de Saint-Trophime d'Arles, révélant une même ambiance antiquisante. En témoignent, outre les cannelures, la présence d'un doubleau diagonal marquant la pénétration des deux berceaux aux angles des galeries et la superposition de petits pilastres carrés, côté jardin, pour recevoir la retombée des doubleaux. À leur autre extrémité, ceux-ci s'amortissent sur de fortes consoles illustrant tout un bestiaire fabuleux – salamandres pustuleuses ou quadrupèdes se mordant une queue terminée en feuillage – ou évoquant les monstres androphages♦ qui, telle la redoutable tarasque, dévorent de petits personnages. Des similitudes de détail, comme ces chapiteaux corinthiens où des têtes humaines barbues, la bouche tombante, les yeux marqués au trépan, apparaissent à travers les feuilles d'acanthe, pourraient même suggérer une identité d'atelier avec la galerie nord du cloître d'Arles. Mais la comparaison ne peut être poussée plus loin car colonnettes et chapiteaux ont été refaits au XIXe siècle.
Il n'en reste pas moins que le pilier d'angle nord-est, face à l'entrée depuis l'église, devait offrir l'un des registres majeurs du programme iconographique. Sauvé en 1827 par Pierre Révoil (1776-1842), aujourd'hui exposé dans l'ancienne église des Jésuites à Arles, il montre un saint Pierre portant ses clefs, remarquable par la taille de ses oreilles – susceptibles ainsi de saisir distinctement les prières des fidèles. Sur l'autre face figure, piétinant un dragon, un père abbé bénissant – Guillaume de Bonnieux (1204-1234) ? –, deux des doigts de la main droite levés, l'anneau très visible, tenant sa crosse de la main gauche. Près de la porte de l'église, un enfeu de style flamboyant abrite la sépulture de l'abbé Jean Hugolen († 1430). On peut également voir les éléments funéraires placés dans cette galerie : dalles d'époque médiévale (XIIIe siècle), pierre tombale de dom Victor Capucy († 1621), infirmier de l'abbaye, dalles portant les mentions (jour, mois, année) de décès des religieux mauristes (XVIIe et XVIIIe siècles).

La galerie orientale vue du côté sud, au fond, l'enfeu des comtes de Provence.

La **galerie orientale** s'ouvre par l'enfeu des comtes de Provence. Sous un fronton à deux rampants♦ et un arc segmentaire orné de fleurons♦ retombant sur des chapiteaux à tête de monstres, deux tombes sont creusées dans le rocher. C'est là qu'a été déposée en 1182 la dépouille du comte Raymond Bérenger IV († 1181) qui avait accordé à l'abbaye le privilège insigne de recevoir le premier esturgeon pêché dans le Rhône. Les moines avaient dû y transférer aussi les cendres de leurs premiers bienfaiteurs, les comtes d'Arles du XIe siècle, Guillaume IV et Geoffroy Ier, dont la pierre tombale, exposée aujourd'hui dans le cloître de Saint-Trophime, constitue un témoignage capital de la sculpture arlésienne préromane qui, par comparaison, permit de dater le décor de l'église primitive Saint-Pierre. C'est dans cette galerie qu'ont pris place les seuls chapiteaux romans épargnés par les saccages successifs. Ils sont à décor végétal, très proches des arlésiens, à l'exception de celui qui évoque la tentation du Christ (situé en face de la porte du chapitre) : le Christ nimbé, tenant l'Évangile de la main droite, est affronté à un démon dont la chevelure flamboie (rappelant les statues antiques d'Apollon radié), dont la queue finit en tête de chien, et qui porte sur le dos un rinceau végétal; sur l'autre face, un acrobate fait le grand écart dans un rinceau d'acanthe; une pomme, symbole de la tentation, sert de fleuron au chapiteau.

C

La **salle capitulaire** s'ouvre vers le milieu de la galerie orientale. Elle accueillait chaque matin la communauté pour la lecture d'un chapitre de la règle de saint Benoît ordonnée autour de trois temps de vie : prière, travail manuel et méditation; on y délibérait aussi sur tous les aspects de la vie monastique, de la discipline intérieure à la gestion des propriétés foncières de l'abbaye.
Parallèle au bras sud du transept, c'est une longue salle rectangulaire, couverte d'une voûte en berceau soutenue par trois doubleaux qui reposent sur des consoles, le doubleau central seul s'amortissant sur un pilastre. À moitié rupestre, elle est éclairée par un *oculus* percé au sud. Elle communiquait au nord avec la nef de l'église tandis qu'au midi un escalier

Chapiteaux de la galerie est : de haut en bas, décor végétal et masque; personnage inséré dans un rinceau d'acanthe; la Tentation : le Christ face au diable. Aquarelles d'Henri Révoil, 1845 (Charenton-le-Pont, MAP).

♦***Rampant :*** *partie rampante, inclinée d'un élément.*

♦***Fleuron :*** *petit ornement isolé, inspiré d'une fleur et transposé dans un sens ornemental.*

Chapiteaux de la galerie sud : l'Annonciation (à gauche), chevalier au galop (à droite), aquarelles d'Henri Révoil, 1845 (Charenton-le-Pont, MAP).

conduisait au dortoir. Tout au long du XVIIIe siècle, les moines mauristes conservèrent cette pièce comme salle capitulaire. Poursuivant le parcours en direction de la galerie sud, on passe sous un arc creusé en gouttière (XIVe siècle) utilisé comme aqueduc pour conduire l'eau des toitures vers une autre citerne extérieure, près de la tour.

La **galerie méridionale** semble de construction plus récente. Si la structure en est romane, l'ambiance a changé. Des images réalistes apparaissent sur les consoles (âne, singe, dromadaire, aigle), les arcs-doubleaux d'angle retombent sur des colonnes dont le fût porte une bague, les chapiteaux à décor de feuilles de choux ou historiés sont taillés deux par deux dans un même bloc. En dehors de ceux, restaurés, de la travée centrale, ils indiquent une date avancée dans le XIVe siècle.
Par leurs thèmes iconographiques (Annonciation, Couronnement de la Vierge, Pentecôte, combats de chevaliers), ils rappellent ceux des galeries gothiques du cloître d'Arles. La présence à Montmajour d'un grand abbé bâtisseur issu de l'abbaye marseillaise de Saint-Victor, Pons de l'Orme († 1382), expliquerait cette campagne de construction. Au centre de la galerie s'ouvre la porte de l'ancien réfectoire de la communauté des moines.

D

Le **réfectoire,** de plan rectangulaire, sert de contrefort à la galerie méridionale. On y accède par une superbe porte romane, remaniée au XIIIe siècle, surmontée d'une tête grotesque qui louche vers le réfectoire, Tantale. La porte est flanquée de deux statues d'époque romane, fort mutilées.
Comme le chapitre, le réfectoire est en partie aménagé sur le rocher, que complètent les murs. Prenant sa lumière au sud

Angle des galeries est et sud.

par des baies en plein cintre, il communiquait avec le dortoir par un escalier en vis, toujours visible près de la porte.
Après avoir servi de réfectoire, il fut transformé en bergerie par les mauristes au XVIIIe siècle. Cette fonction utilitaire sauva l'édifice de la ruine au siècle suivant. Mais, en janvier 1941, sa voûte occidentale s'effondra; objet d'une complète restauration, il a été aménagé par la suite en salle d'expositions.

D

Le **dortoir** occupait à l'étage toute la longueur du réfectoire. On y accédait par des escaliers logés à ses deux extrémités. Lorsque les moines mauristes prirent possession en 1717 des nouveaux dortoirs, le dortoir médiéval fut divisé en deux dans sa longueur. Au nord, un corridor assurait la circulation entre le grand arceau et l'escalier du chapitre, et, au sud, furent logés cinq chambres d'infirmerie et un petit oratoire.

La galerie sud, à droite, la porte du réfectoire.

Statue féminine flanquant la porte du réfectoire, photographie par Eugène Lefèvre-Pontalis, vers 1910 (Charenton-le-Pont, MAP, AP).

Avant de quitter le cloître, on peut encore parcourir la galerie occidentale, bien que les pièces communautaires aient disparu (cave, boulangerie, four à pain, hôtelleries…).

La **galerie occidentale** a été profondément transformée en 1717-1718 lors de l'érection du monastère mauriste. Il s'agissait d'assurer la jonction entre les nouveaux bâtiments et l'église romane conservée provisoirement. La liaison devait se faire par le grand arceau édifié au-dessus des ruines des bâtiments occidentaux du cloître effondrés le 22 février 1704. Les moines préférèrent cependant ménager un passage dans l'ancien dortoir transformé en infirmerie, aboutissant dans la galerie est du cloître, à proximité de la salle capitulaire. La galerie ouest avait donc été mise en condition de supporter la charge de deux étages (réfectoire des moines malades, pharmacie). Les colonnettes, jugées trop faibles, ont été remplacées par d'énormes piliers qui ont réduit les ouvertures et défiguré la façade. Mais l'ordonnance intérieure a été heureusement préservée. Là encore, le registre le plus remarquable est celui que constitue la série des consoles. Elles évoquent les éléments (le mistral, la Lune, le Soleil, le feu), mais surtout la lutte contre le péché symbolisé par des bêtes féroces comme la tarasque dévorant un homme – transposition provençale de l'aventure de Jonas avalé par la baleine. D'étranges graffitis médiévaux, découverts par l'archéologue Albert Illouze en 1994, sont visibles sur le mur de fond de la galerie. Les plus intéressants représentent des navires ou des galères – surtout datées du début du XIIIe siècle –, les autres figurent des chevaux; faut-il y voir des ex-voto marins ou le reflet d'un événement récent tel le départ d'une croisade? Enfin, c'est de là que se lit le plus clairement l'ordonnance générale du cloître. Autour de la cour centrale se déploient les galeries dont les promenoirs se devinent à travers les colonnettes, écrasés par la masse de pierre des toitures faites pour défier le temps et que surmonte le modeste

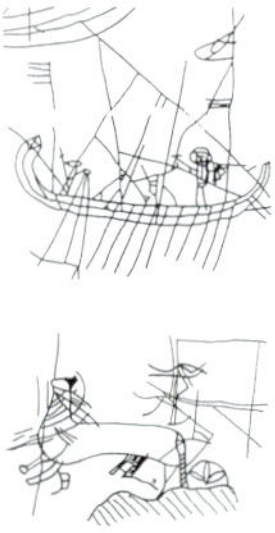

Graffitis du XIIIe siècle, navire et cheval, dans la galerie ouest du cloître. Relevés d'Albert Illouze.

Le dortoir médiéval.

clocher-arcades dont la sonnerie des cloches réglait la vie de la communauté.
Au XVIIe siècle, on lui avait adjoint une horloge mécanique encadrée de pilastres supportant un fronton classique. L'époque romane n'avait pas jugé utile d'ériger un orgueilleux campanile, la puissante silhouette de l'église se suffisant à elle-même.
En revanche, la tour forteresse du XIVe siècle, qui domine tout le monastère, rappelle les temps troublés de la guerre de Cent Ans.
On sort du cloître par la porte sud-ouest qui donne sur l'ancienne « basse-cour »; celle-ci occupe l'emplacement, fortement remblayé, des bâtiments romans qui se sont écroulés en 1704 (cellier, cuisine, bibliothèque).
En remontant vers la terrasse où était située la porterie du monastère, on passe sous le grand arceau. Cet arc monumental – nullement d'époque romane comme le laisserait penser son ouverture en plein cintre – a été lancé au XVIIIe siècle pour mettre en relation la nouvelle abbaye mauriste avec l'ancien dortoir.
À l'origine il ne comportait que la travée centrale, qui servait de simple couloir de circulation, mais vers 1745 il a été doublé d'une travée sud portant deux niveaux, un salon

La galerie ouest, renforcée au XVIIIe siècle par des piliers.

Galerie ouest : une tarasque.

de compagnie et d'accueil pour l'hiver, et la bibliothèque. De la terrasse supérieure on distingue aisément l'imbrication des deux ensembles monastiques, médiéval et moderne. Les vestiges du monastère mauriste et le mur extérieur du réfectoire et du dortoir sont dominés par la tour de défense. Cette terrasse offre un remarquable panorama. On peut ainsi découvrir le mont de Cordes (60 mètres), sur lequel se trouve une tombe hypogée datant de plus de quatre mille ans (« grotte des fées »). Entourant l'île de Montmajour se dévoilent les anciennes plaines marécageuses parcourues par des chevaux Camargue et les roselières traversées par le canal de la Vidange (roubine Sainte-Croix). Les Alpilles apparaissent au loin, dominées par le sommet des Opies (492 mètres). À droite se distinguent le plateau de la Crau, la ville d'Arles, ses clochers et la couronne de ses arènes romaines, ainsi que les micocouliers, les oliviers et la pinède dessinés par Van Gogh.

Les anciens marais vus de la terrasse : au-delà des micocouliers et des chevaux Camargue, le mont de Cordes.

Page de gauche
Le clocher à arcades vu de la cour du cloître, avec les ouvertures pour les cloches et l'emplacement de l'horloge, aujourd'hui disparue.

Vincent Van Gogh à Montmajour

Le chevet de l'abbaye, dessin de Vincent Van Gogh, 1888 (Amsterdam, Van Gogh Museum).

« 3 juillet 1888, Je rentre d'une journée à Montmajour et mon ami le sous-lieutenant m'a tenu compagnie. Nous avons alors à nous deux exploré le vieux jardin et avons volé d'excellentes figues. Si c'eût été plus grand, cela eût fait penser au Paradou de Zola, de grands roseaux, de la vigne, du lierre, des figuiers, des olives, des grenadiers aux fleurs grasses du plus vif orangé, des cyprès centenaires, des frênes et des saules, des chênes de roche. Des escaliers démolis à demi, des fenêtres ogivales en ruine, des blocs de blancs rochers couverts de lichen et des pans de murs écroulés épars çà et là dans la verdure. »

Lors de son séjour à Arles du 20 février 1888 au 8 mai 1889, Van Gogh (1853-1890) vint souvent chercher l'inspiration à l'abbaye de Montmajour dont il dessina à plusieurs reprises les vestiges architecturaux et la nature environnante. Son intérêt se porta avant tout sur le panorama qu'offrait cette petite colline en direction de la chaîne des Alpilles (Fontvieille, côté est), du plateau de la Crau (côté sud), de la plaine du Trébon (côté nord) et de la ville d'Arles (côté ouest). Il sut trouver une âme à ces paysages naturels ainsi qu'à la végétation de l'île de Montmajour. Parmi les dizaines de dessins qu'il en rapporta se comptent plusieurs vues de la montagne de Cordes et du plateau de la Crau, des croquis de rochers et de pins d'alep tourmentés par le vent, d'autres encore, figurant le chemin sud menant à l'abbaye, la porterie du monastère, les chevets de l'abbatiale, le réfectoire, la tour médiévale…

Page de gauche
Vues de l'abbaye;
en haut, depuis l'ancien marais (au premier plan, chevaux de race Camargue) ;
en bas, depuis la pinède sur la colline de Montmajour : la tour et la chapelle Sainte-Croix.

Le monastère mauriste (XVIIIe siècle)

E

Le monastère Saint-Maur vu du sud-est : le palais abbatial, le grand arceau et l'escalier.

Venant de la tour Pons de l'Orme ou sortant du cloître, c'est de la terrasse sud, de l'ancienne porterie, que se découvre le mieux le monastère édifié au XVIIIe siècle pour les religieux de la congrégation de Saint-Maur, sur les plans de Mignard. L'esprit général de cette construction est résolument moderne, de conception verticale à niveaux superposés. Les mauristes ont ainsi diffusé en province cette architecture palatiale qui allie monumentalité, beauté et fonctionnalité. L'édifice apparaît aujourd'hui au visiteur dans toute sa splendeur piranésienne. Cet état de ruine résulte de sa vente comme bien national lors de la Révolution française, en 1791, au profit d'Élizabeth Roux-Chatelard. Cette propriétaire transforma en deux années le monastère en carrière, justifiant ainsi sa destruction auprès des autorités municipales de la ville d'Arles : « Le monastère de Mont Majour ressembloit plutot à un palais qu'au modeste azile de gens voués à la pauvreté et à l'éloignement des pompes mondaines. L'opulence et

Vestiges du réfectoire mauriste.

l'orgueil monachal l'avoient élevé sur les biens destinés aux pauvres » (août 1791).
Dans l'angle ouest de la terrasse se trouvent l'ancienne porte d'entrée de l'abbaye et le pavillon d'accueil. La terrasse fut aménagée sur l'emplacement des bâtiments médiévaux écroulés en 1704 (cave, cuisine, hôtellerie). Elle donnait accès à l'escalier monumental situé sous le grand arceau.
Le monastère s'ordonnait sur cinq niveaux. Les deux premiers abritaient les communs (cellier [accueil actuel], boulangerie, four à pain, salon pour les hôtes) et permettaient d'accéder à la cage du petit escalier de service. Le véritable rez-de-chaussée, symbolisé par un bandeau plat ceinturant la terrasse haute et le sommet du grand arceau sud, correspond au troisième niveau où sont situés la cuisine, le lavabo, le réfectoire et les salons (salon vert, salon du roi, salon d'hiver). Cet étage s'ouvrait au sud de plain-pied sur une terrasse par de grands arcs bordant une galerie de cloître à voûtes d'arêtes.
Les deux derniers étages étaient réservés aux cellules des moines, des convers et des novices ainsi qu'aux pièces de travail (bibliothèque, salles de cours, archives). Utilisant la déclivité du rocher, l'architecte a hiérarchisé les différentes parties de ce bâtiment dont seul le corps de logis oriental fut construit.
Une nouvelle église abbatiale devait compléter la composition vers l'ouest; elle ne fut jamais commencée. Des vingt-cinq travées prévues en façade méridionale, seize seulement furent élevées (70 mètres de long); il n'en subsiste plus que deux aujourd'hui.
Ce palais monastique s'impose ainsi par sa simplicité décorative. La façade sud est rythmée par de grandes arcades et ornée de pilastres à chapiteaux ioniques couronnés par un entablement à denticules et une toiture charpentée à tuiles canal.
La façade nord est décorée de tables en saillie séparant les fenêtres des deux derniers niveaux. Les façades latérales comportaient deux grandes baies en plein cintre qui éclairaient le couloir central desservant les cellules des moines.
Le monastère Saint-Maur couvrait une superficie de 8000 mètres carrés cumulés sur cinq étages, possédait plus de soixante fenêtres et deux cages d'escalier monumentales. L'ampleur de cet édifice faisait de Montmajour le plus vaste monastère mauriste du sud-est de la France avec l'abbaye Saint-André de Villeneuve-lès-Avignon.
Il constitue ainsi un exemple majeur parmi les deux cents monastères réformés par les religieux de Saint-Maur et témoigne de la volonté d'ancrer leur lieu de vie dans une architecture empreinte de modernité.

La bibliothèque

Moine copiste, enluminure de la bible réalisée à Montmajour en 1320 par le frère Ambroise (Arles, médiathèque).

Enluminures illustrant le lectionnaire pour les fêtes de l'année destiné à l'abbaye de Montmajour : portique, initiale et figure d'Isaïe (en bas), XIIe siècle (Paris, BnF).

L'abbaye de Montmajour possédait une bibliothèque comme toutes les autres maisons monastiques. Il ne subsiste que peu d'ouvrages ayant appartenu au monastère bénédictin car, en 1792, les livres furent vendus à un marchand de papier et jetés dans la basse-cour méridionale du haut de la bibliothèque située au deuxième niveau du grand arceau. Les ouvrages manuscrits ou imprimés qui ont survécu à cet acte de vandalisme avaient quitté le monastère lors du départ des moines en 1790 ou faisaient déjà partie de collections privées. Parmi ces ouvrages subsistent un évangéliaire (IXe siècle) et un lectionnaire♦ (XIIe siècle) aujourd'hui exposés à la Bibliothèque nationale de France à Paris mais anciennement acquis au XVIIe siècle par le ministre de Louis XIV, Colbert. Une bible manuscrite et enluminée constitue l'une des plus belles pièces des œuvres du fonds patrimonial de la médiathèque d'Arles (manuscrit nº 1). On peut y voir notamment un moine copiste assis devant sa table de travail. Les premières lettres donnent son nom (*Frater Ambrosius*, frère Ambroise) et le manuscrit est très bien daté : il a été réalisé dans le *scriptorium* de Montmajour en 1320. La médiathèque d'Arles possède également un bréviaire de l'abbaye enluminé et daté du début du XVIe siècle (manuscrit nº 1066).

L'inventaire du 27 février 1790 mentionne : « À la bibliothèque de la maison, toute la place est boisée et peinte, le bas ou lambris forme des petites armoires, le dessus sert pour y placer les livres ; ces armoires renferment partie des coquillages, fossiles, pétrifications, pièces d'anatomie, et d'autres objets de l'histoire naturelle, et en partie elles renferment des brochures, petits livres, journaux, gazettes, etc. ; deux tables chacune couverte d'un tapis, quatre rideaux de coton blanc aux fenêtres, l'astrolabe, et un globe sphérique faits de bois, et peints, avec leur piédestal en bois, plusieurs pièces d'un lambris de toile peinte à huile, représentant l'histoire de Samson avec leurs baguettes dorées, une échelle et un escalier portatif de bois. » En 1790, l'abbaye possédait plus de 4600 ouvrages. Les moines de Montmajour lisaient Molière, Crébillon, Fontenelle, Cervantès, mais aussi l'*Encyclopédie* de Diderot et d'Alembert. C'étaient des esprits cultivés et ouverts et non pas de simples érudits enfermés dans leur tour d'ivoire. Ils reflétaient parfaitement en cela la grandeur de la congrégation de Saint-Maur.

♦***Lectionnaire :*** *livre de psaumes chantés au cours des offices religieux.*

Éblouissant répertoire de l'évolution des formes qui, du XIe au XVIIIe siècle, jalonnent les péripéties de son histoire, l'abbaye de Montmajour est aussi un témoin exceptionnel de la continuité de l'art de bâtir au pays d'Arles. Si chaque époque a illustré avec une égale excellence sa propre vision architecturale, il est remarquable que toutes aient exprimé leur modernité à travers une même volupté de la taille de la pierre. Mais surtout parce que Montmajour était une île et que les flots des pèlerins du pardon étaient localisés autour de la chapelle Sainte-Croix, hors de la clôture, la communauté n'a pas eu la tentation de consacrer une large place au décor sculpté didactique, comme d'autres abbayes telles que Saint-Gilles, Moissac ou Conques. Au contraire, loin de tout « divertissement », la méditation de Montmajour a trouvé sa plénitude spirituelle dans la rigueur des proportions, le rayonnement des volumes intérieurs, la parfaite maîtrise de la lumière, en harmonie profonde avec une nature sauvage et grandiose. S'il est un vide comblé par l'infini de Dieu, s'il est un silence peuplé de sa présence, c'est le miracle de cette architecture monumentale, dont la grandeur n'a d'égale que la sublime simplicité.

Plénitude des volumes dans l'église abbatiale.

La tour Pons de l'Orme
(XIVe siècle)

F

Ancienne porterie de l'abbaye, photographie par René-Jacques, 1951.

On y accède en longeant le mur du réfectoire. Elle fut édifiée à partir de 1369 par le maître d'œuvre Guillaume Helinc pour l'abbé Pons de l'Orme afin d'assurer la défense de l'abbaye contre les pillages des Grandes Compagnies. Véritable donjon, c'est une tour appareillée en bossages♦, de 26 mètres de haut, sur plan barlong, avec un ressaut à l'ouest pour le logement de l'escalier en vis qui dessert la terrasse. Les armoiries de l'abbé (un orme supporté par deux moines-anges) sont sculptées sur les deux faces de la tour. Un autre bas-relief placé à l'étage supérieur représente saint Pierre. À l'intérieur, le rez-de-chaussée, creusé dans le rocher et à voûte d'ogives, offre une cave-magasin à vivres et un puits-citerne. L'étage supérieur était divisé en trois niveaux par des planchers. Une voûte semblable à celle du bas porte la terrasse supérieure défendue par un crénelage avec mâchicoulis, lui-même supporté par de très élégantes consoles à ressauts. Ses angles sont renforcés par des ouvrages courbes en encorbellement percés d'archères. Ce couronnement a été restauré en 1946. Une petite maison à étage reliait la tour à l'église, appelée communément « logis de l'abbé » parce que celui-ci devait en assurer l'entretien, quoique n'y résidant point car réservée, et au XVIIe siècle encore, au sacristain de la communauté. Aujourd'hui, il n'en subsiste que quelques vestiges et traces, dont celles d'une cheminée et des trous ayant supporté les charpentes du plancher. L'endroit offre un très beau point de vue sur la nécropole rupestre, la chapelle Sainte-Croix et l'ancien hospice, ainsi que sur le massif des Alpilles et Fontvieille.

♦***Bossage :*** *saillie laissée dans le parement d'une pierre taillée pour servir d'ornement ou recevoir une sculpture.*

Le rez-de-chaussée de la tour : porte d'entrée et décrochement de la tourelle d'escalier, avec le contraste entre le rocher et l'appareil à bossage.

La nécropole rupestre

(XIe-XIVe siècle)

G

La nécropole: au fond, le mur du rempart médiéval, et la chapelle Sainte-Croix à gauche.

En remontant l'escalier qui conduit à la chapelle Saint-Pierre, le visiteur peut découvrir la nécropole rupestre après avoir contourné l'ancienne citerne glacière voûtée en 1787. Un ultime lambeau de rocher mis à nu permet d'évoquer, béantes à fleur de terre, ces humbles sépultures rupestres, creusées au plus près du corps dont elles conservent l'empreinte. Les tombes les plus anciennes (XIe-XIIIe siècle) offrent un aspect anthropomorphe, comportant une logette pour la tête, l'emplacement des épaules et des pieds. Les autres tombes (XIVe siècle), qui longent la tour de défense, sont rectangulaires. Ces tombes médiévales étaient munies de couvercles en pierre puis recouvertes de terre. Des trous de forme concave orientés nord-sud traversent cette nécropole; peut-être s'agissait-il d'un ossuaire. D'une manière générale, les tombes rupestres se présentent les pieds orientés à l'est et la tête à l'ouest, position symbolique du soleil levant, du retour du Christ et de la Résurrection.

Pour compléter cette zone funéraire située à l'intérieur de la clôture monastique, les moines avaient aménagé à l'extérieur de leur monastère, à proximité du chemin conduisant à Fontvieille, un cimetière réservé aux laïcs, creusé tout autour de la chapelle Sainte-Croix que l'on aperçoit en tournant le dos à la nécropole.

Page de droite
La nécropole, vue plongeante depuis le sommet de la tour : les tombes anthropomorphes.

La chapelle Saint-Pierre (XIe siècle)

H

La chapelle Saint-Pierre creusée à flanc de rocher: en bas, la porte séparant la nécropole et la chapelle Saint-Pierre.

Page de droite **Bas-relief du saint (XIVe siècle).**

Si les édifices cultuels primitifs sont difficiles à localiser, il existe encore, en élévation sur le flanc sud de la colline de Montmajour, dans un admirable cadre de nature, une petite église du XIe siècle, placée sous le vocable de saint Pierre, qui constitue le plus ancien témoin architectural de l'abbaye. On y accède par une porte du XIVe siècle percée dans le mur d'enceinte et gardée par un saint Pierre tenant une clef. L'église est précédée d'un vestibule formant narthex♦, utilisé pour des inhumations rupestres. Elle comprend deux vaisseaux parallèles dont l'un, qui semble le plus ancien, est intégralement taillé dans le rocher. Ce mode de construction s'inspire d'un procédé traditionnel de l'art de bâtir en Provence calcaire, où un élément placé en appentis contre la paroi s'ajoute à la partie troglodytique de la maison. Quoique de faibles dimensions, le vaisseau méridional constitue une véritable église avec nef, travée de chœur et abside semi-circulaire. Il est couvert d'une voûte en berceau, montée gauchement en blocage♦ enduit. Le mur sud est rythmé d'arcatures appareillées qui retombent sur des colonnes et des chapiteaux encadrant à chaque travée une fenêtre ouvrant sur le jardin. Ce type de décor, inconnu de l'art antique, est caractéristique du premier art roman. Il sera d'ailleurs abandonné au XIIe siècle lorsque la Provence retrouvera l'héritage artistique de Rome, et il ne survivra plus désormais que dans la décoration intérieure des absides semi-circulaires. En face, la communication avec l'église rupestre se fait par trois grandes arcades retombant sur de forts piliers carrés, aux angles cantonnés d'une colonne avec chapiteau décoré.

♦***Narthex :*** *portique intérieur placé à l'entrée d'une église, réservé à l'origine aux catéchumènes.*

♦***Blocage :*** *débris de pierres remplissant l'intérieur d'un mur entre ses deux parements.*

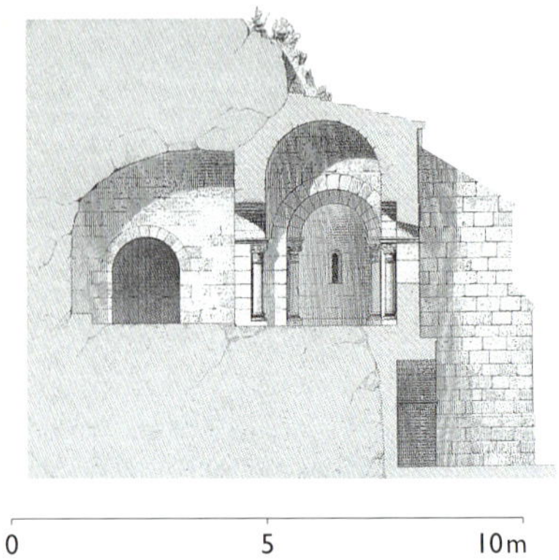

Coupe de la chapelle (Henri Révoil, *L'Architecture romane du midi de la France*, t. 2, Paris, A. Morel, 1873).

Page de droite **La chapelle Saint-Pierre :** en haut, la partie troglodyte et le maître-autel ; en bas, l'intérieur.

Toutes les colonnes sont des remplois, souvent antiques, mais les chapiteaux forment un groupe original. Malgré leur variété, ils ont en commun d'énormes rosaces♦, des corbeilles végétales ou d'entrelacs torsadés, des astragales♦ au ruban de dents-de-loup, qui évoquent le cloître de Saint-Philibert de Tournus (Bourgogne), sculpté avant 1056. Bien plus, un pilastre♦ placé entre les deux nefs (rabat de couverture) offre un décor végétal très proche de celui de la tombe de Geoffroy Ier, comte de Provence, mort vers 1063 et inhumé à Montmajour. Ces comparaisons suggèrent de placer la construction de Saint-Pierre entre 1030 et 1050. Un étroit passage conduit à une sorte de grotte naturelle où la tradition médiévale voyait les cellules des premiers moines. On distingue encore la « chaire de saint Trophime » et, dans un réduit éclairé par une lucarne, son « confessionnal ». Tout cela a été remanié au cours des siècles. Il n'empêche, par l'originalité de son architecture et la remarquable homogénéité de son décor, aujourd'hui bien daté, la chapelle Saint-Pierre apparaît comme l'un des foyers artistiques majeurs du premier art roman provençal au XIe siècle, avec également Saint-Victor de Marseille et la cathédrale de Vaison-la-Romaine ; mais, par la modestie de ses dimensions, reflet d'une communauté naissante, par la simplicité de ses volumes intérieurs et celle, lumineuse, de sa construction, cette minuscule église porte un émouvant témoignage de l'humilité des débuts de cette grande aventure spirituelle.

Ci-contre **Chapiteau dérivé du corinthien** (aujourd'hui vandalisé).

♦*Rosace :* *ornement circulaire rayonnant autour d'un centre, décorant le haut de la corbeille d'un chapiteau.*

♦*Astragale :* *bague séparant le fût du chapiteau ; au Moyen Âge, elle fait partie du chapiteau et, dans l'Antiquité, du fût.*

♦*Pilastre :* *pilier engagé dans un mur, formant une faible saillie et à arêtes vives.*

La chapelle Sainte-Croix
(XIIe siècle)

I

La chapelle Sainte-Croix. En page de droite, vue du côté ouest; ci-contre, les tombes rupestres au pied du chevet; en bas, le plan cruciforme, in Henri Révoil, *L'Architecture romane du midi de la France*, t. 2, Paris, A. Morel, 1873.

Situé à peu de distance du monastère, ce chef-d'œuvre de l'art roman provençal se dresse au cœur du cimetière rupestre, dont les tombes orientées envahissent tout l'espace disponible, jusqu'aux marches de l'escalier d'accès. C'est un édifice remarquable par son plan rayonnant en forme de quatre-feuilles, à l'image de la Croix dont il était le centre de la dévotion. Il semble en effet que le pardon de Montmajour, institué vers 1030 dans une première crypte précédant celle de Notre-Dame, a été transféré vers la fin du XIIe siècle dans cette chapelle spécialement construite en dehors de la clôture, afin de faciliter l'accueil des pèlerins. Précédées à l'ouest par un vestibule formant narthex, les quatre absides semi-circulaires voûtées en cul-de-four♦ s'articulent sur une travée carrée voûtée en arc de cloître♦. Le plus extrême dépouillement caractérise ce volume intérieur enveloppé de pénombre, émouvant par la justesse de ses proportions et la perfection de son appareillage. La même limpidité de composition marque l'élévation extérieure : les quatre absidioles s'ordonnent avec une parfaite maîtrise autour du massif carré qui domine la croisée et dont chaque pan est terminé par un fronton triangulaire bordé par une corniche, elle-même soulignée par une file de denticules♦ décorés de motifs végétaux ou géométriques en taille de réserve♦ traités avec une rare plénitude.

♦Cul-de-four (voûte en) : *voûte en forme de demi-coupole.*

♦Arc de cloître (voûte en) : *voûte formée par la pénétration de quatre voûtes de même hauteur.*

♦Denticule : *motif ornemental constitué de petits cubes séparés par des espaces creux.*

***♦Taille* de réserve :** *surfaces épargnées par un détourage en creux dans le plan d'un parement.*

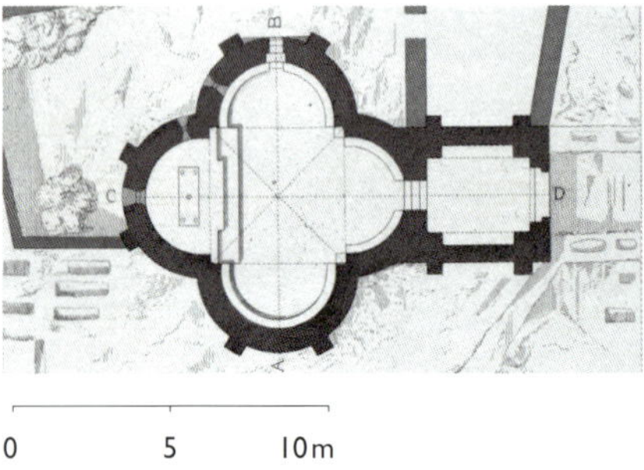

Panorama sur la plaine arlésienne: au premier plan, porterie et terrasse devant le monastère Saint-Maur.

Orientation bibliographique

Baratier (Édouard),
Répertoire de la série 2 H, Abbaye de Montmajour, Marseille, Archives départementales des Bouches-du-Rhône, 1959.

Bastié (Aldo), dir.,
Abbaye Saint-Pierre de Montmajour, histoire et patrimoine, Arles, Les Amis du vieil Arles, 1999.

Benoît (Fernand),
L'Abbaye de Montmajour, Paris, Laurens, 1928 (2e éd., 1969).

Mocellin-Spicuzza (Géraldine) et Roux (Jean-Louis),
Saint-Antoine l'abbaye, Grenoble, Musée dauphinois, 1997.

Mognetti (Élisabeth),
« L'abbaye de Montmajour », *Congrès archéologique de France, Pays d'Arles,* 1976.

Mognetti (Élisabeth) et Breton (Alain),
L'Abbaye de Montmajour, Rennes, Ouest-France/CNMHS, 1988.

Pontus (Paul),
L'Abbaye de Montmajour, Paris, CNMHS, 1967.

Rouquette (Jean-Maurice),
« Montmajour », in *Provence romane,* t. I, La Pierre-qui-Vire, Zodiaque, 1974 (2e éd., 1980).

Id., *L'Abbaye de Montmajour,* photographies de Marc Tulane, Paris, CNMHS, coll. « Monuments en parole », 1993.

Venture (Rémy),
Montmajour, Marguerittes, Équinoxe, 1990 (2e éd., 1995).

Légendes

BnF : Bibliothèque nationale de France, Paris.
CICL : Centre interrégional de conservation du livre, Arles.
CMN : Centre des monuments nationaux, Paris.
MAP, AP : Médiathèque de l'architecture et du patrimoine, Archives photographiques, Charenton-le-Pont.
RMN : Réunion des musées nationaux, Paris.

Couverture
1re : vue d'ensemble façades orientales.
4e : voir page 35.
1er rabat ext. : pilastre de la chapelle Saint-Pierre, détail.
1er rabat int. : plan/dessin de François Brosse.
Page 1, en bas :
vue de l'abbaye, lithographie d'Isidore Deroy, in *La France miniature,* milieu du XIXe siècle (Aix-en-Provence, bibliothèque Méjanes).

Chronologie
De gauche à droite et de haut en bas :
• Politique et religion : Philippe Auguste, *Grandes Chroniques de France,* v. 1375, Paris, BnF; Saint Louis, *id.,* fin XIIIe s., Paris, bibliothèque Sainte-Geneviève; Charles VII par J. Fouquet, Paris, Louvre, RMN/Lewandowski; François Ier d'après Clouet, Louis XIV d'après Mignard, Louis XV d'après Van Loo, coll. château de Chambord, CMN/P. Lemaître.
• Architecture religieuse : Sainte-Foy de Conques, CMN/J. Feuillie; cloître de Moissac, CMN/É. Revault; Sainte-Chapelle de Paris, CMN/B. Acloque; chartreuse de Villeneuve-lès-Avignon, CMN/É. Revault; abbaye du Mont-Saint-Michel, CMN/D. Chenot; jubé de Saint-Étienne-du-Mont à Paris, Val-de-Grâce à Paris, CMN/P. Lemaître; abbaye de Prémontré, CMN/B. Acloque; la Major à Marseille, CMN/É. Revault.
• Montmajour : pilastre de la chapelle Saint-Pierre, CMN/M. Tulane; voir p. 39; ciboire d'Alpais, RMN; tour Pons de l'Orme, CMN/M. Tulane; blason, abbaye XVIIe s., médiathèque d'Arles/J. Beltritti; voir p. 19; relevés de H. Révoil, MAP/CMN/reprod. P. Cadet.

Crédits photographiques

Aldo Bastié : 17, 42; Archives dép., Bouches-du-Rhône, Alain Lassus : 4; Jacques Beltritti, Arles : 6, 9b, 10h, 11h et c, 13, 16, 18, 29h, 46h; Bibl. Inguimbertine, Carpentras : 11b; BnF : 46c et b; CICL, Aix-en-Provence : 1b; CMN/Philippe Berthé : 28, 30h, 54h, 56; CMN/Patrick Cadet : 8, 10b, 20, 34, 35d, 36h; CMN/Jean Feuillie : 2-3, 26, 36b, 54b; CMN/Laurent Lecat : 22-23; CMN/Alain Lonchampt : 39, 48h; CMN/René-Jacques : 40; CMN/Marc Tulane : 1re de couv., 1er rabat ext., 4e de couv., 1h et c, 5, 12, 14, 19, 25, 30c, 31-33, 35g, 37, 38b, 41, 45, 47, 48b, 49-53, 55, 57-59; Philippe Guignard : 44; MAP, AP/reprod. CMN : 7, 15, 27, 29b, 38h; RMN : 9h; Van Gogh Museum, Amsterdam : 43.

Centre des monuments nationaux
Président
Philippe Bélaval
Directrice générale
Bénédicte Lefeuvre

Éditions du patrimoine
Directeur des éditions
Jocelyn Bouraly
Responsable des éditions
Catherine Donzel
Responsable de la fabrication
Carine Merse
Responsable de la collection
Alix Sallé
Coordination éditoriale de la 1re édition
Caecilia Pieri
Coordination éditoriale de la 2e édition
Joanna Korol
Coordination documentaire
Claude Malécot

Correction
Aurélie Joiris
Conception graphique
Atalante/Paris
Réalisation graphique
Marie-Paule Jaulme
Photogravure
Scann'Ouest/Saint-Aignan-de-Grand-Lieu
Impression
Néo-Typo/Besançon, France
Dépôt légal : juin 2000
Réimpression : 2002, 2007

Impression nouvelle édition
IME, Baume-les-Dames : 2011
Réimpression
Imprimerie Lussaud, Fontenay-le-Comte, France
juillet 2014

ISSN 1159-1722
ISBN 978-2-7577-0177-5